Dr G. CHEVALIER

UN COMBAT DE TAUREAUX A SAINT-SÉBASTIEN

ANGERS
LACHÈSE ET Cie, IMPRIMEURS-LIBRAIRES
4, Chaussée Saint-Pierre, 4

1894

ANGERS, IMPRIMERIE LACHÈSE ET Cie.

Dr G. CHEVALIER

UN COMBAT DE TAUREAUX A SAINT-SÉBASTIEN

ANGERS
LACHÈSE ET Cie, IMPRIMEURS-LIBRAIRES
4, Chaussée Saint-Pierre, 4

1894

UN

COMBAT DE TAUREAUX

A SAINT-SÉBASTIEN

C'était au mois d'août dernier : pour des raisons de famille, j'étais allé faire un voyage dans le midi. J'en profitai pour aller visiter les Pyrénées et les diverses stations thermales qui font la fortune et les délices de ce pays si grandiose et si pittoresque. Partout, soit dans les hôtels, soit dans les excursions, j'avais entendu vanter les courses de taureaux avec cet enthousiasme un peu fanfaron des Méridionaux, tous plus ou moins parents de l'illustre Tartarin. Me persuader ne fut pas chose difficile; l'occasion seule manquait, elle ne tarda pas à se présenter. Ayant appris par les journaux que le 15 août était le jour de la fête de Saint-Sébastien, et qu'à cette occasion devaient avoir lieu des courses où figuraient les épées les plus réputées de l'Espagne, je n'hésitai pas à me rendre dans la capitale du Guipuscoa où j'arrivai le matin même, heureux de pouvoir satisfaire ce sentiment de curiosité qu'excite toujours la perspective d'un spectacle nouveau.

La vieille cité des Basques, qui compte environ 20,000 habitants, avait le matin l'aspect morne et triste de nos petites villes de province. A part les étrangers on ne rencontrait dans les rues que quelques rares promeneurs appartenant pour la plupart au sexe aimable et se rendant à l'église pour assister aux offices religieux de l'Assomption. Vers une heure, un changement à vue s'opéra. De tous les côtés arrivaient, tant en voiture que par le chemin de fer, des quantités de visiteurs de toutes provenances, si bien que sur la vaste promenade où la musique municipale donnait un concert la circulation était devenue presque impossible.

Saint-Sébastien avait à cette heure la physionomie des jours de fête ; c'était, comme on dit de l'autre coté des monts, Dia de Toros, jour de taureaux. Il n'y pas en effet de spectacle qui excite à un plus haut degré l'enthousiasme des habitants de la Péninsule. Tout le monde, petits et grands, jeunes et vieux, nobles et paysans, se rend en masse aux Taureaux. Toute action cesse et la pensée est tout entière au drame dont les arènes doivent être le théâtre.

Partout on n'entend parler que des « *Toros* » arrivés la nuit précédente. Les dilettantes, les « *aficionados* » vont et viennent, et ne s'abordent que pour s'entretenir des six gladiateurs à cornes qu'ils ont visités dans les étables du cirque. Chacun commente à sa façon les défauts et les qualités des animaux provenant de la célèbre « *Ganaderia* » de la veuve du senor Lopez Navarra.

Élevés dans les pâturages et les forêts de l'Andalousie, les « Toros » sont âgés en général de cinq à sept ans et coûtent en moyenne de 2,000 à 2,500 francs la pièce. Chacun a son nom comme les chevaux de nos écuries de courses et porte sur la cuisse l'empreinte d'un fer chaud désignant par ses initiales son propriétaire. Cette cérémonie du fer (car rien ne se fait sans cérémonie quand il s'agit d'un futur combattant de l'arène) le traditionnel « *herradero* » sert de prétexte à de grandes fêtes de campagne, chasses, danses, festins et plaisirs de toute sorte.

Parmi ces animaux, il en est de bons et de mauvais. Leur caractère est d'une grande importance et doit exercer la sagacité du « *Torero* » qui, dès son entrée dans l'arène, doit juger des facultés de l'adversaire avec lequel il va se mesurer :

Le « *Boyante* » est franc et brave jusqu'au bout : avec lui les passes sont brillantes ;

Le « *Bravucon* » est irrésolu, s'élance peu, bondit à l'attaque du jeu et s'y attache sans le terminer :

Le « *Burriciego* » atteint de myopie ou de presbytisme, est très dangereux pour l'homme qui ne tient pas compte de ces défauts.

Il ne suffit donc pas d'avoir de la bravoure et du sang-froid, il faut encore être perspicace pour savoir comment diriger habilement ses coups contre un adversaire qui a pour lui la force, la brutalité et l'inconscience de la mort par laquelle doit se terminer la lutte. Son aspect extérieur trahit souvent son caractère, aussi donne-t-il prétexte à des discussions très chaleureuses dans lesquelles les amateurs émettent leurs avis sur l'attitude qu'il devra avoir pendant le combat. On se croirait à Longchamp où nos sportmen les plus connus discutent avec passion les *performances* des chevaux qui vont courir le grand prix de Paris.

Les gamins crient à tue-tête le programme des courses. On n'entend que ces cris « *Los Toros* » « *El Enano* » (journal spécial de Tauromachie édité à Madrid), « El Programma de los Toros ». Il n'est pas jusqu'aux marchands qui crient les courses afin de vendre, pour un prix modique, des éventails représentant sous les couleurs les plus voyantes les différentes phases du combat.

Deux heures sonnent, je passe devant le café de la Marine où j'aperçois deux hommes revêtus d'un costume spécial et très entourés. Ce sont les deux « *Espadas* » « *Luis Mazzantini* » et « *Rafaël Guerra Guerrita* » qui, assis chacun à une table de la terrasse, sont l'objet d'une attention particulière. Ils sont les héros du jour. On les questionne sur les événements de la soirée, on les complimente avec emphase.

Mazzantini est un homme d'une quarantaine d'années, aux robustes épaules, à la physionomie énergique éclairée par deux grands yeux noirs encadrés dans d'épais sourcils, aux cheveux rares et à la figure rasée comme tous les Toreros. Guerrita, de plus petite taille, a une trentaine d'années, il est plus mince et semble plus alerte. L'un respire la force, l'autre l'agilité, tous les deux le sang-froid et le courage.

Les premières épées se paient de 2.500 à 3.000 francs par représentation. Les favoris du public atteignent vite la richesse, mais ne renoncent pas pour la plupart à leur profession, après fortune faite. Adulés par la foule, enivrés par la gloire, ils ne peuvent s'arracher aux applaudissements de l'arène. Manuel Dominguez, célèbre Torero mort à Séville en 1885, tuait encore son taureau à soixante-dix ans.

Les Toreros, personnages souvent plus populaires qu'un premier ministre de sa Majesté Catholique, ont en Espagne le privilège dont jouissent nos ténors en France, ils sont la coqueluche des femmes. Petit chapeau mou à larges bords avec un ruban de soie, veste grise à collet de velours, gilet très ouvert sur lequel brille une grosse chaîne en or, chemise fine à jabot, à col rabattu et sans cravate, ornée de riches diamants en guise de boutons, manchettes brodées, large ceinture en soie bleu et souliers vernis, tels sont avec la « *coleta* », petite mèche de cheveux tressés derrière la tête, les signes extérieurs auxquels on reconnaitra toujours un Torero. On dit de l'un d'eux qu'il a coupé sa coleta, lorsqu'il renonce à sa profession. Originaires presque tous de l'Andalousie, ils portent le vêtement des Andalous.

Le temps s'avance : dans quelques instants la représentation va commencer. Les quelques minutes d'attente me semblent devoir durer un siècle, tant je suis impatient de satisfaire ma curiosité. Je me dirige vers les arènes situées en face de la gare dont elles ne sont séparées que par la ligne du chemin de fer.

La Plaza de Toros est un grand bâtiment de forme circulaire dont les murs blanchis à la chaux peuvent contenir 10,000 personnes. Son aspect extérieur n'a rien de flatteur pour l'œil. Muni d'une place de location, j'entre par un petit escalier conduisant aux Tendidos. Rien de plus simple et de plus facile que de se caser. Les places sont soigneusement numérotées, le service est très bien assuré, chacun se rend aisément à sa place qu'il doit occuper sans contestation.

L'arène, de forme circulaire et d'une superficie comparable à celle de l'ancien hippodrome du pont de l'Alma, est entourée d'une cloison en planches « *las tablas* » de deux mètres de hauteur, peinte en rouge sombre. A cinquante centimètres du sol est un rebord en bois devant servir de point d'appui aux « *Chulos* et *Banderilleros* » serrés de trop près par le taureau, et leur permettre de sauter, en posant le pied, par dessus la barrière afin d'échapper à la poursuite de l'ennemi. Des portes sont ménagées pour l'entrée des taureaux enfermés dans le « *Toril* », pour le service de l'arène, l'entrée des chevaux et des hommes et pour l'enlèvement des cadavres. Derrière « las tablas », à un mètre environ, le mur d'enceinte est plus élevé et muni de deux rangs de cordes. Dans le couloir séparant le mur d'enceinte de la barrière se tiennent les « *Chulos* et *Banderilleros* » fatigués, le *Picador sobresaliente*, c'est-à-dire remplaçant un camarade mis hors de combat, et le « *Cachetero* » personnage vêtu de noir qui n'est autre que l'exécuteur des hautes œuvres. Son rôle consiste à enfoncer un poignard dans le nœud vital du taureau tombé à terre et mortellement blessé par l'épée du Torero. Il arrive souvent que des animaux sauteurs, de « *muchas pieras* » comme on les appelle, franchissent *las tablas* d'un coup de jarret pour tomber dans le couloir. On voit alors tous les chulos sauter dans l'arène et l'animal y rentrer au bout de quelques instants par les portes ouvertes à cet effet. Les cordes du mur d'enceinte sont placées pour préserver les spectateurs du saut d'un taureau trop agile.

Derrière le mur d'enceinte sont les places réservées au public et disposées en amphithéâtre avec gradins. Ceux qui sont près des cordes occupent les places de « *barrera* » ; le premier rang très recherché par les « aficionados » est toujours loué à l'avance. Après la *barrera*, le *tendido* occupé par la bourgeoisie. Les places situées à l'ombre, *sombra*, sont beaucoup plus agréables, et pour ce motif d'un prix plus élevé. Au tendido succède le « *tabloncillo* » adossé aux places couvertes ou « *gradas cubiertas* » Enfin sur le pourtour et en haut les *palcos* ou loges pouvant contenir vingt personnes. La haute société espagnole a son *palco* à la *Plaza* comme les princes de l'aristocratie ou de la finance ont chez nous leur loge à l'Opéra ou à la Comédie française. Déroger à cette coutume serait manquer à l'étiquette. La loge de la *Reina Gobernadora* est décorée avec des draperies de soie et d'or : à côté se trouve celle de l'*Ayuntamiento* (municipalité).

L'alcade, dont les fonctions correspondent à celles de nos maires, préside la « Plaza » et doit résoudre toutes les difficultés qui peuvent se présenter en matière tauromachique.

Tel est le théâtre : comme scène, l'arène ; comme plafond, le ciel le plus pur : comme éclairage, le soleil le plus radieux. C'est dans ce milieu que nous allons tout à l'heure être témoin d'un spectacle qui n'a rien à envier aux drames les plus émouvants de Shakespeare.

Quatre heures viennent de sonner ; l'alcade n'a pas encore paru pour donner le signal du combat. La foule impatiente manifeste son mécontentement en poussant des cris et en frappant du pied. Les Espagnols sont tellement avides de ce spectacle que toute cause de retard est pour eux un sujet de vif désappointement qu'ils traduisent par les plus chaudes protestations. Semblables à des enfants auxquels on a promis une récompense, l'instant qui vient est trop loin pour eux, la possession dans le présent peut seule leur donner la satisfaction enviée. Enfin, le président paraît ; aussitôt tout change comme par enchantement : des vivats, des bravos, des hourrahs accueillent son arrivée. Grand, maigre, avec une moustache dont le poivre a depuis longtemps disparu pour faire place au sel le plus blanc, vêtu d'un habit noir, il salue la foule qui l'acclame et la fanfare annonce, par ses accents cuivrés, que la représentation va enfin commencer.

La porte s'ouvre pour livrer passage à un cavalier coiffé d'un chapeau mou à plume, vêtu d'un justaucorps noir avec des bottes à l'écuyère, costume du temps de Philippe II en Espagne et d'Henri IV en France. Après avoir paradé autour de l'arène, il va se placer devant la loge de l'*ayuntamiento* d'où l'alcade lui jettera les clefs du toril attachées à l'aide de faveurs multicolores. Ce personnage est l'*alguazil* ; son rôle consiste à aller chercher ces clefs qu'il doit recevoir à la volée dans son chapeau et à les remettre ensuite au garçon de combat chargé d'ouvrir la porte au taureau. Par suite d'un écart inattendu de son cheval, il lui arrive malencontreusement de les laisser tomber à terre. Le public qui a autant de sympathie pour ses petits gendarmes qu'il en a peu pour les agents de la police se met aussitôt à le siffler pour le punir de sa maladresse, et c'est au milieu des huées, des quolibets et des sarcasmes de toute nature qu'il est obligé de se diriger vers la porte par laquelle il est heureux de disparaître pour se soustraire à cette désobligeante manifestation.

A peine est-il rentré dans la coulisse que la fanfare annonce l'entrée de la *cuadrilla* qui, après avoir fait sa promenade ou *paseo*, va se placer devant la loge présidentielle.

La cuadrilla, nom sous lequel on désigne l'ensemble des combattants, se compose des deux *Espadas*, de quatre *picadors*, de huit *banderilleros* ou *chulos* et de deux *punterilleros* ou *cacheteros*.

Les deux Espadas font leur entrée à côté l'un de l'autre : l'aîné à droite, le reste de la cuadrilla marchant sur deux rangs pour former la haie, les picadors à cheval fermant la marche ; viennent ensuite les serviteurs de l'arène, ou singes savants, vêtus d'une veste rouge et tenant à la main les mules attelées par trois à une volée à laquelle seront attachés les cadavres du taureau et des chevaux qui auront succombé dans l'arène. Les mules sont richement caparaçonnées, elles portent des houppes de toutes couleurs et de petits drapeaux sur la tête ; on a prodigué tous ces ornements au point qu'elles disparaissent littéralement sous le fouillis d'objets de parure aux mille couleurs.

Tous les *toreros*, terme général sous lequel sont désignés les combattants, à l'exception des *picadors*, vont s'agenouiller devant la loge de la Reine lorsqu'elle est présente, ou saluer le président en l'absence de la souveraine de toutes les Espagnes ; le *primo Espada*, comme le gladiateur romain, lui adresse d'une voix émue un discours ou *Brindo* ; il demande la permission de tuer son adversaire dont il dédie la dépouille mortelle et fait le serment de ne sortir de l'arène qu'après avoir mis son ennemi à mort.

Tous rompent les rangs et chacun va prendre sa position de combat.

On voit alors les deux *Espadas* se dévêtir de leurs capes de parade ou manteaux et les jeter à des personnages de distinction qui l'étaleront sur le devant de leur loge, comme les vestales antiques étalaient autrefois leurs voiles sur le *Podium* du cirque. La femme préférée, car c'est en général à une Espagnole que le galant torero fait l'honneur de son habit de gala, est fière de cette faveur que lui ont secrètement enviée des rivales moins heureuses. Elle sera l'héroïne du jour, et c'est devant elle que viendra mourir l'animal frappé par l'épée de celui qui l'aura honorée de ses bonnes grâces. En tombant à ses genoux, le taureau, symbole de la force, semblera rendre hommage à l'adresse de l'homme aimé et, si le cœur de la belle a battu à tout rompre en suivant les péripéties du combat, elle saura après le récompenser de l'insigne honneur dont son amour-propre de femme est si justement fier.

A part le manteau de parade qui appartient exclusivement aux Espadas, tous les Toreros à pied sont vêtus à la mode du légendaire Figaro. Coiffés de la montera avec la résille, *Mazzantini* et *Guerrita* portent chacun un costume de satin, l'un rose et l'autre vert clair. La veste courte est relevée, surtout aux manches et aux épaules, de passementerie, de passequilles et d'arabesques d'or ; le gilet court est largement ouvert pour laisser voir une petite cravate qui se dessine gracieusement sur le milieu de la chemise ; une large ceinture de soie avec une culotte faisant place à un bas bien tiré, des escarpins vernis, telle est sommairement la description des vêtements dont sont revêtus les combattants.

Rien ne saurait donner une idée exacte de la richesse de ces costumes dont le prix atteint souvent la somme de 3,000 fr. Leur éclat et leur beauté sont encore rehaussés par les reflets éblouissants d'un soleil auprès duquel le gaz et la lumière électrique elle-même ne sont que très pâles. Aussi le plus riche Figaro de nos théâtres ne pourrait-il supporter la comparaison avec le plus modeste torero de l'arène.

Parlons maintenant du *Picador* qui, en raison de ses fonctions spéciales, porte un costume différent de ceux de ses camarades. Armé d'une pique en frêne ou *Vara* de trois mètres cinquante de longueur, terminée à son extrémité par une pointe en fer de forme triangulaire mesurant un centimètre au plus, et entourée d'un bourrelet destiné à empêcher l'arme de glisser sur le cuir de l'animal, le *picador* est monté sur un vieux cheval dont l'œil droit est bandé pour lui cacher la vue du taureau. C'est lui qui supportera le premier choc lorsqu'à la sortie du Toril, pleine de fougue et d'impétuosité, la bête se précipitera avec fureur contre tous les obstacles qu'elle rencontrera. Son rôle est, à mon sens, le plus périlleux, aussi doit-on le protéger puissamment pour ne pas l'exposer à être mortellement blessé par son redoutable adversaire. Au lieu de la *montera*, il porte le *castorano* ou chapeau mou et gris à larges bords, matelassé à l'intérieur pour le préserver en cas de chute sur la tête : son couvre-chef est orné d'un cordon dont les extrémités, retombant en arrière, sont terminées par des touffes de couleurs variées. Une chemise avec une cravate négligemment attachée, une veste brodée rouge ou verte et rembourrée à l'intérieur, un gilet ouvert et une ceinture de nuance appropriée au reste de son vêtement, voilà pour la partie supérieure du corps. Quant à la culotte, elle est en peau de buffle fauve et garnie à l'intérieur de tôle de façon à abriter ses jambes contre la corne de l'animal. La selle est très haute en avant comme en arrière et semblable à celles dont étaient harnachés les destriers du moyen âge : les étriers sont pleins, de forme triangulaire afin de soustraire le pied aux coups de l'assaillant. Un bon picador doit, non seulement connaître la tauromachie et l'équitation pour ne pas se laisser désarçonner, mais il lui faut encore avoir un bras de fer pour ne pas être renversé au moment où le taureau, dans sa furie, se précipite sur son ennemi. A l'instant de la rencontre, le cavalier, autant que possible, enlèvera son cheval afin de ne pas le laisser effondrer ; cette manœuvre est toujours très difficile, étant donnés la vigueur de l'attaque et le peu de réaction dont est susceptible un cheval qui ressemble beaucoup plus à la Rossinante de Don Quichotte qu'à un Boïard ou un Gladiateur. Le plus souvent la bête est éventrée du premier coup de cornes : *Picador* et cheval alors enlevés en l'air sont suspendus entre ciel et terre jusqu'à ce qu'un écarteur, excitant le taureau avec sa cape, l'oblige à abandonner l'objet de sa colère pour se rejeter à la poursuite du manteau dont la vue ne fait qu'exciter sa rage. Si le cheval tombe, le picador le suit dans sa chute et la jambe droite, prise en général sous sa monture, le réduit à l'impuissance. Il serait victime du gladiateur à cornes, si les toreros ne se précipitaient à son secours pour l'aider. La pauvre haridelle n'a-t-elle été qu'éventrée sans tomber, par ses plaies béantes sortent d'énormes paquets d'entrailles tombant parfois jusqu'à terre : et de ses pieds la malheureuse blessée souvent les déchire en allant de nouveau s'offrir à l'aveugle fureur de son ennemi. Si la blessure est mortelle, à peine étendue sur le sable a-t-elle rendu le dernier soupir, non sans avoir toutefois lancé les ruades finales, signe avant-coureur de la mort, qu'immédiatement bride et selle sont enlevées, le corps restant dans l'arène jusqu'à ce que l'espada ait tué l'auteur de cette sanglante tragédie.

Quelle que soit la situation du taureau, le picador ne doit point quitter le voisinage de *las tablas*, la cloison servant au moment de sa chute à le préserver de ce côté. Attaqué toujours de face, le taureau est exaspéré par la blessure de la pique qui doit toujours être enfoncée à un endroit spécial du garrot appelé *cerriguillo*. Le cuir, grâce à la courte dimension de l'arme, est seul intéressé. La plaie doit exciter l'animal sans compromettre son existence. S'il est brave, la douleur l'anime et le rend absolument inconscient du danger. Les chevaux sont en un clin d'œil victimes de sa rage et le *Picador* mis hors de combat. Ce dernier secouru est relevé aussitôt, un cheval frais lui est amené et, sans désemparer, il recommence la lutte n'ayant aucun souci des horions qu'il a pu essuyer.

Il ne pourrait certainement, sans l'aide des Chulos ou Écarteurs, échapper aux violentes attaques de son ennemi. Ceux-ci, au nombre de quatre, sont de tout jeunes gens bien découplés, vifs et alertes, n'ayant pour tout moyen de défense que la *Cape* ou manteau ; aussi les désigne-t-on également quelquefois sous le nom de *Capeadores*. Ce manteau en velours ressemble aux riches vêtements de nos seigneurs du moyen âge et sert à attirer l'attention du taureau et à le conduire dans une direction voulue. Le capeador, tenant sa cape par le collet, la rassemble en formant des plis qu'il déploie à un moment donné, comme un oiseau étend ses ailes ; il fait une *larga*. On désigne sous le nom de *Suerte* le jeu du torero depuis l'instant où il prépare, c'est-à-dire le moment où il commence à attirer l'attention de l'animal jusqu'à celui où finit son exercice, soit en laissant le taureau courir après une autre capeador, soit en sortant de l'arène par un saut au-dessus de *las tablas*, s'il lui arrive d'être poursuivi de trop près. Le manteau sert non seulement d'instrument de secours, mais il est encore employé à faire des passes brillantes et gracieuses lorsqu'elles sont bien exécutées.

Pour se servir de termes techniques, on « cape » à la *Veronica*, à la *Navarra* et au *Galleo*.

Le Capeo à la *Veronica* se fait en tenant la cape par le collet. Le capeador immobile attend de pied ferme le taureau qu'il fait dévier sans bouger de place en lui jetant le manteau. L'animal passe à droite ou à gauche, le *Torero* fait un tour sur lui même et recommence la *Suerte* autant de fois que les circonstances le permettent.

La *Navarra* s'exécute d'une manière analogue avec cette différence que le manteau traîne à terre sous le museau du taureau qui baissant la tête, « humiliant » comme on dit *Tras los montes*, décrit un demi-cercle autour de l'homme. La passe recommence alors en sens inverse. Cette manière de faire est très gracieuse et très goûtée des plus enthousiastes.

Quant au *Galleo*, genre très audacieux, il se fait en tournant le dos à l'animal, le manteau retenu aux épaules, la corne s'évitant par une inflexion du torse.

Quelques toreros exécutent le saut du *transcuerno*, « derrière les cornes ; » au moment où l'animal traverse l'arène attiré par quelque *Capeador*, l'un d'eux lui saute par-dessus le cou au moment où il humilie. Ces deux derniers exercices ne peuvent s'exécuter qu'avec les *Boyantes*, c'est-à-dire les animaux francs et braves.

Après les chulos, viennent les *Banderilleros*. La banderille est un bâton de soixante centimètres de longueur, armé à son extrémité d'un fer recourbé en forme de harpon, entouré de papiers de toutes couleurs, de rubans ou de plumes, que le *banderillero* devra planter toujours par deux à la fois et parallèlement à la partie supérieure de chaque épaule, dans un endroit du garrot appelé *Rubios*.

Les banderilles s'enfoncent le plus souvent à *Cuarteo*. Le torero se place à quelques mètres du taureau, les bras allongés tenant les deux banderilles élevées de manière à attirer son attention : au moment précis où celui-ci fond sur son adversaire, ce dernier, abaissant ses banderilles en leur donnant la direction des épaules, se précipite au-devant et passant les bras entre les deux cornes, pendant qu'il humilie, lui plante dans le cuir les deux harpons qui retombent sur les épaules de chaque côté.

Elles se plantent encore au demi-tour, ou à *media vuelta*. L'homme, placé à une très courte distance sur les côtés, appelle l'animal : au moment précis où il se détourne, il plante ses deux banderilles et s'esquive par la tangente. Certains toreros placent quelquefois les banderilles assis sur une chaise, d'autres *al quiebro*, c'est-à-dise de pied ferme, les jambes immobiles et même attachées avec un mouchoir. Pour gagner la faveur du public, ils rivalisent entre eux de sang-froid et d'audace.

Ce jeu est un des plus gracieux qu'il soit possible de voir, mais il est très périlleux. Le grand talent du banderillero consiste à savoir profiter du moment opportun pour planter sa banderille de manière à éviter le coup de corne. Une seconde trop tôt ou trop tard peut entraîner sa mort avant qu'un torero ait pu lui porter secours.

Quand le taureau a reçu un nombre suffisant de banderilles, quatre ou six au plus, il est préparé pour recevoir le coup d'épée, alors entre en scène l'espada qui va seul se mesurer avec son adversaire. Comme armes, il aura sa *muleta* et son épée.

La muleta est un morceau d'étoffe écarlate, ressemblant aux petits drapeaux dont se servent pour leurs signaux les employés de nos chemins de fer. De sa main gauche il agitera la *muleta* devant les yeux du taureau pendant que de l'autre il tiendra son épée, longue de quatre-vingt-dix centimètres environ dont dix pour la garde entourée de laine rouge et le pommeau garni de cuir. Son but est de dévier la tête à gauche, de manière à mettre à découvert le corps dans lequel il devra plonger son épée. Comme le capeador, l'Espada fait avec sa muleta des passes jusqu'à ce qu'il juge l'animal bien placé pour recevoir le coup mortel. La manière la plus brillante est le *matar recibiendo*, tuer en recevant. L'Espada est placé devant le taureau, le bras droit allongé et tenant l'épée dans la direction du garrot ; la main gauche abaissée tient la muleta avec laquelle il doit placer l'animal qui va lui-même s'enferrer en fondant sur le petit drapeau qu'il agite devant ses yeux. Ce coup demande beaucoup de précision ; si la tête est trop déviée à gauche, l'animal ne pourra être frappé sur la ligne médiane : si elle l'est trop peu, l'homme est littéralement embroché par les cornes.

Un autre coup très estimé est le *volapie*. L'animal a la tête baissée, les yeux toujours fixés sur la muleta, le torero se précipite et enfonce son épée entre les cornes.

Enfin l'estocade à un temps a lieu lorsque l'animal, un instant immobile, se rue sur son adversaire en même temps que celui-ci se précipite pour frapper.

L'épée doit être enfoncée en *los rubios*, dans les blonds, c'est-à-dire entre les omoplates, au niveau du garrot, de façon à pénétrer dans le *médiastin*, espace situé en avant des poumons et contenant le cœur et les gros vaisseaux. Ce coup occasionne la mort immédiate sans faire verser de sang à la victime. La direction de l'épée doit donc être oblique de haut en bas et d'avant en arrière. Un coup défectueux, c'est le *golete* qui en perçant le poumon occasionne des vomissements de sang. Si l'arme est enfoncée et que le taureau ne tombe pas incontinent, le torero emploie une autre épée appelée le *descabello* qu'il enfonce à la naissance du cou dans la région du nœud vital. Vient-il à s'affaisser, pour épargner aux assistants le pénible spectacle d'une lente et émouvante agonie le *Puntillero* l'achève avec son poignard.

Apparaissent alors les mules qu'on attelle successivement aux cadavres des chevaux et du taureau : au galop elles entraînent les victimes dans le *matadero*, endroit affecté spécialement à cet usage ; les serviteurs donnent un coup de rateau, couvrent les taches de sang avec de la sciure de bois ou du sable, et, sans interruption, le toril s'ouvre pour permettre à un nouvel animal de se précipiter dans l'arène.

Le combat se divise donc en trois phases absolument distinctes commandées par les diverses attitudes du taureau : en pénétrant dans le cirque, il porte la tête haute, il est plein de fougue, sa colère lui fait mépriser tout obstacle, il est *Levantado ;* le Picador avec sa pique et ses puissants moyens de protection peut seul se mesurer avec lui.

Bientôt viendra un apaisement relatif, il sera alors *Parado*, c'est-à-dire arrêté. Ne courant plus que pour se défendre contre ses agresseurs, il choisira un endroit de l'arène où il reviendra presque toujours, c'est en général près du cadavre d'un cheval qu'il aura tué. On dit alors qu'il prend sa *Querencia :* dans cette attitude, il fait voir à des yeux expérimentés ses tendances et son caractère. Les *banderilleros* auront beau jeu pour enfoncer leurs banderilles et les chulos pourront à ce moment exécuter leurs plus brillantes *Suertes*.

Bientôt, il sera *Aplomado*, d'aplomb. Le moment sera venu pour l'Espada, car il est de toute nécessité que les quatre pieds soient bien placés parallèlement deux à deux pour pouvoir, sans exposer sa vie, frapper le coup mortel.

C'est au président qu'appartient le soin de donner à la fanfare l'ordre de passer d'un mode à un autre quand il juge que le taureau est suffisamment préparé à chacune des différentes phases du combat.

Nous avons décrit l'arène, nous avons parlé des *Toreros* et du taureau : nous allons maintenant les voir à l'œuvre.

J'étais, ainsi que je l'ai dit, près du mur d'enceinte, presque en face de la porte où la Cuadrilla avait fait son entrée, ayant à ma droite le toril et la loge de *ayuntamiento*. Je pouvais donc voir sans rien perdre des événements qui allaient se dérouler devant moi.

Tous mes voisins étaient Français à l'exception d'un Espagnol d'une quarantaine d'années assis immédiatement à ma droite ; des mieux placés, je pouvais donc communiquer mes impressions et recevoir celles de mes compatriotes. Le hasard, excellent compagnon quand il veut bien nous être favorable, avait mis à ma gauche un Parisien d'une soixantaine d'années, familier avec la langue espagnole et avec les combats qu'il avait vus mainte et mainte fois et toujours avec la même satisfaction. Son aménité et sa parfaite urbanité, jointes à une culture d'esprit qui ajoutait aux charmes d'une très spirituelle conversation, facilitèrent entre mon voisin et moi un courant de sympathie d'autant plus vif que nous étions en terre étrangère. Chacun sait avec quelle facilité et quel empressement on se crée des relations en voyage et surtout lorsqu'on a quitté la mère-patrie. L'occasion de lui être agréable établit bientôt un plus étroit rapprochement dont j'ai regretté depuis la trop courte durée. Bien que nous fussions à l'ombre, il faisait une chaleur assez élevée et tous les spectateurs, qu'ils appartinssent au sexe faible ou au sexe fort, étaient munis de l'éventail obligatoire. A son grand regret mon voisin en était dépourvu ; nous avions près de nous des marchands de citronnelles et de glaces, on entendait crier les débitants de l'*aqua fresca*, mais il n'y avait pas plus de marchands d'éventails autour de nous que de zéphirs pour suppléer à son regrettable oubli. Heureusement pour lui et pour moi, j'en avais un certain nombre que je voulais rapporter comme autant de souvenirs de mon voyage ; je lui en offris un qu'il accepta avec reconnaissance : en échange de ce petit service il se mit très gracieusement à ma disposition pour me servir de cicerone et m'expliquer les divers incidents susceptibles de provoquer les bravos ou les sifflets des *aficionados*. Quant à mon Espagnol de droite, il ne comprenait malheureusement pas un mot de français : je ne pus donc avoir aucun renseignement verbal, mais ses gestes, ses cris, son attitude, sa physionomie tout entière me permirent, avec les explications recueillies, de pouvoir me rendre compte de la valeur des coups dirigés contre le taureau et des moyens que l'animal employait pour se défendre contre ses agresseurs. Tout autour de nous un essaim de jeunes et jolies méridionales venues avec leurs maris et leurs parents de Bordeaux, de Toulouse, de Pau, de Bayonne et autres villes par les trains que la compagnie du Midi avait organisés à l'occasion de cette solennité. La plupart de ceux qui m'environnaient étaient aussi neufs que moi et n'avaient jamais assisté à ce spectacle : il était donc curieux de recueillir et d'observer leurs premières impressions.

Mon attente ne fut pas de longue durée. Sur un signal de l'*Alcade*, la fanfare sonna l'entrée du taureau. Immédiatement toutes les conversations cessèrent, un silence profond succéda aux bruits assourdissants des propos échangés entre des milliers de spectateurs, tous les yeux furent braqués sur la porte du *toril* ; la vie et la pensée des assistants étant pour ainsi dire suspendues, la plus belle Andalouse n'aurait pu recevoir l'aumône de la plus petite œillade en un pareil moment.

L'entrée du taureau est pour le public un fait capital ; on se demande comment se comportera le nouveau venu, son attitude dans la lutte est encore l'inconnue dont chacun cherche la solution. Sa physionomie générale et sa manière de se présenter permettront aux habitués de préjuger son caractère, sa lâcheté ou son courage : on conçoit aisément combien l'attention doit être soutenue pour ne rien perdre des faits et gestes nécessaires pour asseoir le jugement des *aficionados*. J'éprouvai pour mon compte une émotion indicible, j'avais le cœur serré, j'étais tellement impressionné que les mouvements de la respiration et du cœur s'étaient instinctivement ralentis, comme si leur fonctionnement normal eût pu émousser la sensation que j'allais percevoir.

La porte ouverte, le fougueux gladiateur à cornes en deux bonds arrive au milieu de l'arène. Un hourra prodigieux signale son apparition. Là il s'arrête quelques instants aussi étonné de nous voir que je suis moi-même avide de le contempler. *Portuguez*, c'est son nom, est un superbe animal au poil noir et cotonneux au niveau de ses robustes épaules : ses yeux sont de feu, ses naseaux fumants, ses cornes longues et pointues comme des stylets à leurs extrémités. Le front est large, le fanon retombe gracieusement au-devant de la poitrine, les jambes sont courtes, les sabots petits et parfaitement constitués : la queue très mobile s'agite en tous sens. D'une taille inférieure à celle de notre race française, il semble en même temps plus fin, plus court, plus trapu que le durham : il est au taureau anglais ce que le percheron est au cheval pur sang. Il respire à la fois la force et l'agilité. Disons pour compléter son portrait qu'il porte à la naissance du dos un bouquet de fleurs artificielles avec de longs rubans rouges et bleus aux couleurs de la *Ganaderia* de la Senora veuve de *Lopez Navarro*, de son vivant grand éleveur et fournisseur de l'arène. La tête haute, il contemple pendant quelques instants l'assistance dont l'aspect flamboyant ne peut lui rappeler les solitaires forêts de la Manche ou de l'Andalousie. Pour le faire sortir de son immobilité, un *torero* en s'approchant lui fait une *larga* : la vue du manteau l'excite. Baissant la tête pour frapper en la relevant d'un vigoureux coup de cornes, il fond sur son adversaire ; l'écarteur, avec la rapidité de l'éclair, s'esquive pour se mettre hors de la portée de ses coups. Furieux de le voir échapper, le taureau le poursuit et le serre de si près que le *torero* pour échapper au danger n'a que le temps de sauter par-dessus la cloison. A peine est-il disparu que *Portuguez*, profitant de son élan, d'un vigoureux coup de jarret franchit à son tour *las tablas :* en un clin d'œil, tous les *toreros* reviennent à leur tour dans l'arène. De tous côtés, on entend ces cris : *Bravo, toro ! bravo, toro !* Sa vigueur fait espérer qu'il va énergiquement se défendre contre la mort. On ouvre les portes latérales, et bientôt l'animal rentre en bondissant sur le champ de bataille. Nouvel arrêt pendant lequel il semble dans son affolement se demander quelle résolution prendre. Un *picador* se présente à lui sans qu'il réponde à son appel. Il se dérobe pour poursuivre à nouveau la cape offerte à ses yeux par un des *Chulos*. Cette reculade, considérée comme un acte de lâcheté, provoque un indescriptible tapage ; les sifflets succèdent aux *Bravo, toro* de l'instant auparavant. Rien ne saurait donner une idée du tapage provoqué par une pareille manifestation. Les scènes tapageuses auxquelles se livrent les étudiants au cours d'un professeur qui a cessé de plaire ne sont rien auprès des cris et des vociférations que provoquent un *torero* ou un taureau qui savent, tant d'un côté que de l'autre, se défendre avec le plus téméraire et le plus irréfléchi de tous les courages. Qui n'a vu un cirque n'a certainement pas l'idée du bruit que peut faire une foule de spectateurs en délire. L'animal est hué de toutes parts, appelé *lâche, brigand, voleur :* aucun des mots les plus injurieux du vocabulaire espagnol ne lui est épargné. Arrêté dans un coin de l'arène, étonné par le bruit d'autant plus assourdissant qu'il est plus nouveau pour lui, inquiet et furieux à la fois, il semble de ses grands yeux interroger ses ennemis. On lui jette la *cape*, c'est à peine s'il répond. Un *picador* se présente à nouveau, il lui faut aller jusqu'à lui pour l'atteindre : l'animal esquive le coup et, en fuyant, blesse le cheval à la cuisse. « C'est un mauvais taureau », me dit mon Parisien. Il ne se trompait pas ; après des attaques souvent réitérées, deux chevaux ont été atteints par lui, un seul a trouvé la mort. Un combat dans de pareilles conditions n'offrait rien d'attrayant pour les *aficionados*. Aussi, après avoir reçu les *banderilles* réglementaires, fut-il livré à *Mazzantini* qui le tua non sans toutefois avoir recours au *puntillero* dont le poignard mit fin à sa pénible agonie.

Zurdo, atteint par *Guerrita* en *Golete*, ce qui occasionna par la bouche et les naseaux un abondant écoulement de sang non sans provoquer des cris d'improbation pour ce coup défectueux. *Zafreno* ensuite furent l'un après l'autre tués par les épées des *toreros*. Leur résistance n'ayant rien offert de particulièrement intéressant, j'en arrive à parler tout de suite de *Liston*, dont l'audace et l'intrépidité furent le signal de la plus délirante démonstration.

Au point de vue des formes extérieures, le nouveau champion n'avait rien qui pût le faire notablement distinguer de ses prédécesseurs. Sa robe était noire, *negro zaino*, comme disait le programme : il différait de ses compagnons de *Ganaderia* par sa sauvage énergie, car son aveugle courage et sa farouche impétuosité devaient bientôt l'affirmer comme l'un des plus redoutables combattants dont les spectateurs auraient à conserver le souvenir.

Les portes du toril étaient à peine ouvertes que, sans la moindre hésitation, il se ruait comme une bête fauve sur le *picador* qui, la pique fermement appuyée sur sa poitrine, l'attendait aussi solidement que possible assujetti sur sa selle. Celui que devait recevoir sa première attaque n'était autre que le célèbre *Rafaël Alonzo*, un des plus chers favoris du peuple de la catholique Espagne. C'était un homme de trente-cinq ans environ, taillé en hercule, rasé comme un empereur romain, avec de grands yeux noirs et un teint basané ; tout dans sa physionomie indiquait le sang-froid et le courage. Il attendait *Liston* qui d'un bond arriva jusqu'à lui. La pique adroitement dirigée contre le garrot, s'enfonçant dans le cuir de l'animal, l'arrêta un instant non sans provoquer un écoulement de sang qu'on vit aussitot ruisseler le long de son épaule blessée. L'attaque avait été dirigée avec une telle impétuosité que, n'eût été sa flexibilité, la lance se fût brisée comme un roseau. Le cheval ébranlé faillit tomber avant que le taureau ne fût arrivé jusqu'à lui : il n'était pas remis de la secousse éprouvée qu'on vit tout à coup cheval et cavalier suspendus en l'air, le taureau les ayant soulevés de terre avec sa tête dont les cornes avaient entièrement pénétré dans l'abdomen. *Alonzo*, sa monture mortellement blessée, penchant du côté de la cloison, lâcha ses étriers et se laissa tomber dans les bras des serviteurs de l'arène arrivés en foule autour de lui pour le secourir. Pendant ce temps, la pauvre haridelle agitait convulsivement ses pieds dans toutes les directions ; son agonie fut de courte durée. Quelques secondes ne s'étaient pas écoulées qu'elle retombait sur le sable; elle tenta de se relever, mais vains efforts. elle ne devait pas tarder à rendre le dernier soupir. Enlever la selle et la bride fut l'affaire d'un instant, le cadavre restant dans l'arène pour attester numériquement la valeur de l'animal attaqué. « Voilà un excellent taureau », me soufla mon voisin à l'oreille. Sa prédiction était encore vraie.

Liston avait à peine quitté l'endroit où il avait triomphé de son premier adversaire qu'il se précipita avec la même impétuosité sur un autre *picador* qui, moins heureux que son camarade, ne put même l'arrêter un instant. Son cheval fut tué et le cavalier tomba brutalement sur la barrière. Son visage devint tout à coup pâle comme la mort. On s'empressa autour de lui, les serviteurs l'aidèrent à se maintenir; heureusement il en fut quitte pour la peur, les reins avait été simplement contusionnés; le coup avait été si violent que le malheureux avait failli perdre connaissance. Un troisième, un quatrième, que dis-je! six chevaux en moins de dix minutes subirent le même sort; mais tous ne furent pas, comme le premier, mis à mort à la première attaque. Je ne dirai pas que je me rappelle, mais que je vois encore, tant l'impression a été profonde, les malheureuses bêtes éventrées, les énormes paquets d'intestins faisant hernie à travers les plaies béantes. les entrailles traînant jusqu'à terre et se déchirant sous les pieds des victimes; je vois encore le sang s'échappant à longs flots du poitrail ouvert par la corne meurtrière et les *chulos*, armés d'énormes bâtons, frappant les haridelles auxquelles la force manquait encore plus que le courage pour aller à la mort. Il est de règle en effet de faire servir les chevaux jusqu'à ce que mort s'ensuive.

L'arène était jonchée de cadavres épars çà et là : le sable était teint de mares de sang d'autant plus larges et plus nombreuses que *Liston* s'acharnait avec opiniâtreté sur les morts, enfonçant à nouveau ses cornes dans leurs ventres ouverts et les déchirant à plaisir. Il était, comme on dit là-bas, *pegajoso*, c'est-à-dire collant. « Vous verrez, me fit observer mon cicerone, qu'il viendra, lorsque *Guerrita* l'aura frappé de son épée, mourir près du cheval sur le cadavre duquel il a voulu avec tant d'acharnement passer sa colère ; il est en outre franc et brave, il sera pour son *torero* l'occasion d'une triomphale ovation. » Cette conjecture augmenta encore, si possible, ma curiosité.

Au moment où il me faisait cette réflexion, la fanfare annonça que Liston, dont la fougue commençait à se calmer, de *Levantado* devenu *Parado*, allait être livré aux *banderillos*. Les banderilleres furent au nombre de huit et deux par deux posées sur le cou de l'animal. Les jeunes *toreros* rivalisaient entre eux d'audace et d'adresse avec un ennemi dont les qualités permettaient d'exécuter les passes les plus brillantes. *Guerrita*, favorisé par le sort qui lui avait attribué un aussi brillant adversaire, exécuta à plusieurs reprises le *galleo*. Cette passe qui ainsi que je l'ai dit plus haut, s'exécute avec le manteau sur l'épaule, le dos tourné du côté des cornes de l'animal, est des plus gracieuses et des plus dangereuses. Il fallait voir avec quelle élégance, quelle souplesse et quel sang-froid le *torero*, à l'aide d'une légère inflexion du torse, évitait la corne dont l'extrémité à plusieurs reprises effleurait son somptueux et fragile manteau. Je me demandais, en ouvrant les yeux aussi grands que faire se pouvait, comment il n'était pas embroché, comment il lui était possible d'affronter de si près la corne d'un aussi redoutable ennemi sans se laisser atteindre. Pour un connaisseur, cette témérité n'a rien de surprenant, le calme et l'agilité suffisant avec l'expérience raisonnée pour préserver l'homme le plus audacieux des atteintes du plus agressif des taureaux. L'animal, en chargeant son adversaire, baisse la tête, « *humille* » comme il le disent, et en humiliant ferme les yeux. L'homme qui attaque au moyen de sa cape a le temps de voir venir son aveugle ennemi et de se garantir par un écart à droite ou à gauche, suivant les circonstances. La *suerte* ou passe est d'autant plus appréciée et plus applaudie que le torero sait mieux calculer sa distance pour se laisser effleurer par la corne sans pour cela se laisser toucher. Tel est le secret de l'art tauromachique, il faut savoir faire plus souvent preuve d'adresse que de force.

L'ovation annoncée pour Guerrita ne tarda pas à se produire. Les Espagnols se mirent à faire entendre les bravos les plus frénétiques. Les éventails, les cigares, les bracelets, les fleurs, les chapeaux tombaient de toutes parts dans l'arène à la grande satisfaction du favori, mais aussi au grand étonnement de Liston. Celui-ci, visiblement fatigué, regardait l'assistance en poussant de profonds mugissements. A ce moment, je me tournai vers mon voisin de droite qui, émerveillé du triomphe du torero, venait, suivant l'exemple de ses compatriotes, de lancer dans un moment d'enthousiasme son chapeau au milieu de l'arène. Applaudissant à tout rompre, il était visiblement ennuyé de n'avoir pas un interlocuteur auquel il pût, dans sa langue, faire part de son admiration. A plusieurs reprises, il s'était tourné de mon côté en m'adressant quelques paroles. Je lui avais fait comprendre par signes mon regret de ne pas comprendre sa pensée. Dans un mouvement d'irrésistible admiration, se tournant de mon côté, il se met à crier : « *Superior ! Superior !* », mot qu'il répéta plusieurs fois avec attention pour voir s'il arriverait enfin à se mettre en communication avec un étranger de la compréhension duquel il semblait désespérer. Je me suis souvent depuis ce jour demandé pourquoi il avait, pendant cette représentation et à plusieurs reprises, tant cherché à établir une sorte de rapprochement entre nous. Je n'ai pas connu et ne connaîtrai jamais le fond exact de sa pensée. Il s'était certainement aperçu qu'étranger à son pays, j'étais en même temps étranger à ce genre de spectacle dont les Espagnols sont, l'expression est juste, si amoureusement enthousiastes. Savait-il de quelles amères et injustes critiques leur plaisir national a été l'objet, en France particulièrement ? Voulait-il arriver à connaître mes impressions que, jusqu'à ce moment, je m'étais dans mon ébahissement abstenu de laisser voir ? Je ne le saurais dire : mais ce que je puis affirmer, c'est qu'il se laissa aller à une joie non équivoque lorsqu'il s'aperçut par mes applaudissements que je partageais son opinion. *Superior ! Superior !* répétai-je à mon tour en battant des mains. Cette démonstration mit le comble à sa joie, il parut vraiment enchanté d'avoir conquis mon suffrage. A quelle catégorie sociale appartenait-il ? Il m'eût été difficile de l'étiqueter à première vue, mais j'inclinerais à croire qu'il faisait partie de la bourgeoisie espagnole. Sa tenue, ses manières semblaient militer en faveur de cette opinion. A partir de ce moment, un certain courant s'établit entre nous, et par signes, il me fit comprendre ce qu'il pensait des événements.

Quand les applaudissements et les hourras furent finis, quand le *torero* eut rendu à un chacun ce qui lui avait été jeté, la musique annonça à nouveau que le héros du moment allait, avec l'aide de sa *muleta* et de son épée, mettre fin à l'existence de *Lis-*

ton. Après avoir jeté sa *montera* par-dessus son épaule en exécutant la pirouette réglementaire, et adressé au président le discours d'usage, *Guerrita* alla au-devant du taureau. *Liston* était de nouveau acharné sur le cadavre d'un cheval dont il se plaisait à fouler et déchirer les entrailles. Sa colère en était arrivée à un tel paroxysme qu'il resta aussi sourd qu'aveugle aux excitations de tous les *toreros* rassemblés autour de lui. On avait beau employer tous les moyens imaginables, rien ne pouvait l'arracher à sa sanguinaire besogne. En spectateur novice je commençais à désespérer du succès des *toreros*, lorsque tout à coup l'un d'eux, saisissant le taureau par la queue, se mit à tirer avec une telle vigueur que l'animal dut lâcher sa proie. Poussant un sourd et terrible mugissement, il regarda l'assistance. Sa physionomie générale avait entièrement changé. Autant il était brillant et beau, lorsqu'à sa sortie du toril, la tête haute, plein de fougue, il s'était élancé dans le cirque, autant maintenant il était laid et repoussant. Le front, les cornes, les naseaux, le cou salis par un mélange de sang, de sable et de produits excrémentiels, les épaules ruisselantes du sang qui s'échappait de ses blessures, l'essoufflement produit par une course sans repos ni trêve, la sueur abondante dont tout son corps était couvert, l'avaient complètement métamorphosé. De *parado* il était devenu *aplomado*. Arrêté dans un endroit spécial qu'il semblait affectionner, la tête basse, il paraissait combiner ses attaques tout en cherchant à les ménager, car il semblait avoir conscience que ses forces commençaient à s'épuiser. Au moment où son *torero*, avec sa *muleta* placée à quelques centimètres de ses yeux inquiets, cherchait à se placer dans une position convenable pour diriger son coup d'épée, il grattait avec frénésie la terre de son sabot : le sable remué était projeté en tous sens au grand déplaisir des spectateurs à portée de recevoir les éclaboussures de sa rage par trop démonstrative. Qu'allait-il se passer ? Tout le monde se demandait avec anxiété si *Guerrita* sortirait vainqueur de ce duel à mort. Les yeux toujours fixés sur l'étoffe écarlate qu'on promenait devant ses yeux comme pour l'hypnotiser, allant à droite ou à gauche suivant que son adversaire l'entraînait dans l'une ou l'autre direction, *Liston*, d'un bond désespéré, s'élançait tout à coup sur son adversaire dont l'audace ne faisait qu'augmenter la sauvage énergie de sa résistance désespérée. Vains efforts, l'homme par une agile et savante manœuvre s'était dérobé. Cette lutte émouvante durait déjà depuis quelques minutes, lorsque tout à coup *Guerrita*, inclinant à gauche sa *muleta*, brandit son épée dans la direction du garrot, prêt à donner le coup de mort. Une poignante émotion était peinte sur le visage de tous les spectateurs. La figure pâle, mais calme et impassible, le bras modérément fléchi, la main légèrement abaissée, le *torero* semblait se demander s'il enfoncerait son épée en frappant en *volapie*, ou s'il attendrait que par un mouvement en avant l'animal s'enferrât lui-même. Les applaudissements continuels dont il avait été l'objet pouvaient lui faire désirer l'occasion de terminer la lutte par le coup le plus brillant de la tauromachie. il semblait vouloir attendre le moment favorable pour recevoir les ovations du *matar recibiendo*. Son attente ne fut pas de longue durée.

Semblable au sanglier blessé qui se précipite sur les chiens assez téméraires pour oser affronter sa colère, le taureau, d'un bond prodigieux, voulut se ruer à nouveau sur son ennemi. Il avait compté cette fois sans l'arme redoutable dont la lame, habilement dirigée, s'enfonça jusqu'à la garde dans sa robuste poitrine. D'un air triomphant, Guerrita, le sourire sur les lèvres, regarda l'assistance avec cet air de légitime satisfaction que procure la récolte d'applaudissements justement mérités.

Certes, plus je me rappelle mes souvenirs de jeunesse et d'âge mûr, plus j'arrive à cette conviction que je n'ai jamais vu pareille ovation. L'enthousiasme était à son comble et j'ai pu comprendre à ce moment combien était enivrante la gloire du *torero* en Espagne. Applaudissant tous de la voix et du geste, jetant tout ce qu'ils avaient sous la main, les *aficionados* poussaient des cris et des vociférations au delà de toute expression : éventails et bouquets, bracelets et cigares pleuvaient à nouveau comme grêle ; à un moment une outre pleine de vin fut adressée à Guerrita, qui, pour satisfaire aux lois de l'étiquette, dégusta, comme dirait Rabelais, la nectaréique purée septembrale dont il rejeta le surplus, suivant l'habitude consacrée.

J'ai été souvent témoin à Paris des succès remportés par nos ténors, nos artistes ou nos chanteuses les plus adulés du public, mais jamais ni Capoul, ni Faure, ni Mme Carvalho, ni Mme Krauss, ni Got, Coquelin ou Sarah Bernarht n'ont été à mes yeux les objets d'un pareil triomphe. Lire ou entendre raconter ces choses ne peuvent donner la plus pâle idée de la réalité. Les Espagnols sont fanatiques de ce genre de plaisir, une Prima Espada ayant su conquérir les faveurs du public provoque chez lui un véritable délire qui explique pourquoi les grands favoris ne renoncent pas, après fortune faite, à l'indescriptible enivrement que procure la gloire de l'arène.

Pendant ce temps, le taureau blessé mortellement poussait de plaintifs et douloureux mugissements, allait d'un pas chancelant d'un côté et d'autre, cherchant un endroit pour rendre son dernier soupir. Pas une goutte de sang ne sortait par sa nouvelle blessure, le coup porté au point de vue de l'art était irréprochable. Après quelques allées et venues d'une durée de quelques secondes à peine, l'animal, se dirigeant vers le cadavre d'un cheval, tomba en trébuchant sur le sable. Quelques mouvements convulsifs annoncèrent la mort ; c'en était fini. Liston avait vécu. Il avait été, au point de vue spécial, un excellent taureau : jusqu'au dernier moment il avait lutté avec la plus mâle énergie ; collant il était et comme tel, ainsi que l'avait annoncé mon compatriote, il était venu périr près du cheval contre lequel il s'était vengé pendant le combat.

Les cadavres enlevés, le toril s'ouvrit à nouveau pour livrer passage à deux nouveaux animaux, *Cardoso* d'abord et *Centello* ensuite que Mazzantini et Guerrita tuèrent tour à tour.

Il est six heures, la représentation vient de finir. Elle avait donc duré deux heures pendant lesquelles six taureaux avaient été successivement mis à mort. S'ils n'avaient pas été tous d'une égale bravoure, tout au moins s'étaient-ils plus ou moins vaillamment défendus.

Quelques-uns, en effet, ne répondant pas à l'attente qu'on avait pu fonder sur leur manière de se conduire pendant le combat, ne veulent pas répondre au jeu des *toreros*. Se cantonnant dans quelque endroit, en général près de la cloison, ils refusent d'attaquer le *picador* ou restent insensibles aux passes des *chulos*. On crie alors : *Fuego! banderilleras a fuego!* c'est-à-dire banderilles de feu. Ce sont des banderilles spéciales, munies de pièces d'artifice qui, quelques instants après avoir été plantées dans le cuir, éclatent avec bruit, brûlent la peau et provoquent en même temps que la douleur, la colère de la victime. L'alcade décide s'il y a lieu de recourir à ce procédé. Si le public réclame le *fuego* et que le président tarde à agiter son mouchoir en signe d'autorisation, on entend alors des cris de toutes parts : *Alcade, a fuego ! Alcade, a fuego !* jusqu'à ce que satisfaction soit donnée aux spectateurs impatients. Enfin il arrive d'entendre quelquefois demander *los perros*, c'est-à-dire les chiens, lorsque le taureau lâche, *cobarde*, comme on le désigne, ne veut pas du tout se défendre. Ces animaux, de grande taille, se précipitent sur leur adversaire, au nombre de quatre ou cinq à la fois, et essaient de le saisir aux oreilles où ils restent solidement attachés, quelque mouvement que fasse le taureau en secouant sa tête en tous sens pour se débarrasser d'aussi douloureux parasites. Ce procédé rappelle ces petits dogues que les saltimbanques de nos foires dressent à étreindre dans leur mâchoire d'acier un amas de chiffons attaché au bout d'une corde : à l'aide d'une poulie on élève et on abaisse le pauvre animal autour duquel éclatent fusées et pétards sans que jamais il lâche prise. Beaucoup des chiens employés dans l'arène trouvent la mort, soit qu'ils soient défoncés par les cornes, piétinés ou projetés avec violence contre la cloison. Un taureau livré aux chiens, comme les chrétiens des premiers siècles étaient livrés aux bêtes, n'est pas jugé digne d'être attaqué de front par l'épée du torero : un serviteur le tue en lui plongeant l'arme dans le flanc. Déclaré lâche par l'assistance, il n'a pas droit à être combattu à la manière des braves.

Telle avait été cette course du 15 août qui peut, à juste titre, être classée parmi les bonnes. Six taureaux avaient été tués, dix-sept chevaux avaient trouvé la mort dans l'arène, et si aucun des *toreros* n'avait été atteint, un *picador* avait fait une chute si violente qu'on eut à redouter un instant un accident mortel. Mais pareil fait se fût-il présenté qu'il n'eût en rien entravé la représentation. Si un *torero* est mis hors de combat, on l'emporte dans les coulisses ; un *sobresaliente* ou remplaçant vient immédiatement prendre sa place. On crie *Bravo* au taureau qui a blessé ou tué un homme, et tout est dit. La note dominante du public est toujours la plus grande impartialité.

Quel que soit le danger de part et d'autre, aucun ne doit chercher à l'éviter. Si un *picador* ou un *banderillero* semblent un instant hésiter à attaquer un taureau dangereux, immédiatement ils sont littéralement hués et s'ils venaient à se dérober, sans autre forme de procès, l'assistance réclamerait à l'alcade la prison pour eux. La bravoure est la règle ; bêtes et gens doivent en faire preuve. En manquer de part et d'autre est un crime impardonnable. Leur situation est de tous points comparable à celle des gladiateurs romains dont parle Montaigne : « C'était, à la vérité, un merveilleux exemple et de très grand fruit pour l'institution du peuple de voir tous les jours en sa présence cent, deux cents, voire même mille couples d'hommes, armés les uns contre les autres, se hacher en pièces avec une si extrême fermeté de courage, qu'on ne leur voit lâcher une parole de faiblesse ou de commisération, jamais tourner le dos ni même faire un mouvement lâche pour gauchir un coup de leur adversaire, ains tendre le col à son épée et se présenter au coup : il est advenu à plusieurs d'entre eux, étant blessés à mort à force de plaies, d'envoyer demander au peuple s'il était content de leur devoir, avant que se coucher pour rendre l'esprit sur place. Il ne fallait pas seulement qu'ils combattissent et mourussent constamment, mais encore allègrement : en manière qu'on les hurlait et mauldissait si on les voyait estriver (hésiter) à recevoir la mort [1]. »

Gladiateurs et toreros peuvent être comparés : mais si la mort était pour ainsi dire la règle pour les gladiateurs romains, elle est absolument exceptionnelle pour les toreros espagnols. Si dangereux que soit l'ennemi, il ne fait en général que blesser le *torero* contre lequel il ne peut s'acharner, grâce à la promptitude du secours qui arrive de toutes parts pour protéger un camarade en danger. La politique n'a jamais pénétré dans l'arène : Christinistes et Carlistes, fussent-ils dans la vie aussi ennemis que l'étaient les partisans de Robespierre et de Danton, fussent-ils rivaux de gloire, ce qui arrive le plus souvent, toute idée d'envie et de jalousie fait place à l'esprit de solidarité et de mutuelle assistance dont le plus habile ne saurait se passer dans un moment critique. Le chef de la *Cuadrilla*, l'Espada surveillant les attaques du taureau, est toujours prêt à protéger et défendre ceux qui font partie de sa suite : un médecin et un prêtre se tiennent dans l'enceinte du cirque prêts, l'un à panser les blessures du corps, l'autre à exercer son ministère spirituel dans le cas où besoin s'en ferait sentir. Les Espagnols sont en pareille matière gens de précaution.

Nous nous sommes entretenus jusqu'ici des acteurs et des

[1] *Essais*, livre II, chapitre XXIII.

spectateurs en général, mais nous n'avons point encore parlé des femmes. Comment sont-elles ? me direz-vous. Je vais m'empresser de répondre à votre désir. Elles étaient en nombre, en très grand nombre et en majorité si belles qu'elles me firent, je dois l'avouer en toute sincérité, regretter en ce moment plus qu'en tout autre les rêves dorés de mes vingt ans. Sans m'en douter elles évoquèrent le souvenir du poète de la jeunesse et le nom de Musset se présenta immédiatement à ma mémoire. Je me demandai presque inconsciemment si je ne retrouverais pas cette fameuse marquesa d'Amaëgui pour laquelle le chantre des Nuits avait fait tant de chansons et s'était si souvent battu. Chercher, c'était trouver. Les rayonnantes beautés des *Palcos* n'auraient pas manqué d'exciter la jalousie des déesses du Mont Ida ; au bout d'un instant, je m'aperçus que mon embarras eût été plus grand que celui de Pâris si, porteur de la pomme d'or, j'avais eu comme arbitre à ressusciter la légende de Vénus.

Au commencement de la représentation, comme nous étions en train de lorgner l'assistance, mon compatriote qui, malgré ses soixante ans, avait conservé une fraîcheur d'idées auxquelles la brillante assistance ajoutait encore un regain nouveau, poussa tout à coup cette exclamation : « Oh ! la jolie personne ! » La spontanéité avec laquelle il s'était exprimé, l'enthousiasme manifeste dont il avait fait preuve excitèrent incontinent un certain mouvement d'étonnement chez une chatouilleuse provinciale, immédiatement assise derrière nous. Elle ne put s'empêcher de lui répliquer en souriant : « Mais, monsieur, je ne manquerais pas d'être jalouse si, étant votre femme, je savais que le soleil pût vous rendre aussi incandescent à la vue des beautés du Midi. » En homme bien élevé, le sourire sur les lèvres, il sollicita l'indulgence de son interlocutrice en lui rappelant que les Pyrénées l'ayant un peu affranchi de la loi française il n'avait que le regret de n'être pas Jupiter pour pouvoir, sous la forme de pluie d'or, pénétrer auprès de la plus séduisante des Rosines. Elle était en effet aussi belle que l'Andalouse de laquelle le poète avait pu dire :

Vrai Dieu ! Lorsque son œil pétille
Sous la frange de ses réseaux,
Rien que pour toucher sa mantille,
De par tous les saints de Castille,
On se ferait rompre les os.

C'était une délicieuse jeune fille de dix-huit ans ; sa peau blanche était aussi fine que le satin, son nez fin et légèrement aquilin abritait une petite bouche aux lèvres roses s'entr'ouvrant de temps en temps pour laisser voir une rangée de dents dont l'éclat n'eût pu être égalé que par la plus exquise des perles. Deux grands yeux bleus, surmontés d'épais sourcils et pourvus de cils longs et abondants, en s'enfuyant vers les tempes, donnaient à sa douce physionomie l'impression d'une vierge de Raphaël. Son menton gracieusement dessiné, son cou autour duquel s'enroulait un riche collier de diamants, ses petites oreilles flamboyantes d'or et de pierreries, une rose savamment ajustée sur la tempe gauche, rehaussaient encore la beauté de ce visage d'un ovale parfait et dans lequel la grâce et la jeunesse semblaient rivaliser de générosité. Les cheveux châtain-clair, légèrement ondulés, étaient surmontés d'un peigne d'or servant d'attache à une riche mantille de dentelle blanche. Qu'elle était belle sous cette coiffure étalée avec un art et un goût si irréprochables ! Les chapeaux aux fleurs multicolores, aux ornements disparates dont sont attifées nos Françaises, m'ont vraiment semblé grotesques auprès de cette coiffure si simple dont les Espagnoles savent si bien ménager les plis et les ondulations pour encadrer leur figure. Une femme, fût-elle laide comme les sept péchés capitaux réunis, paraît encore bien lorsqu'elle sait tirer parti de cette parure. La mantille fait ressortir le visage comme le repoussoir fait valoir le tableau d'un peintre. Elle sert à merveille au relief de la figure dont tous les détails se dessinent avec une incomparable netteté. Sa couleur uniforme fait un contraste agréable avec les parties environnantes, et, en retombant sur les épaules et sur le devant de la poitrine, est du plus merveilleux effet. Une main expérimentée avait habilement attaché celle de ma jeune Espagnole. La taille était bien cambrée, la poitrine suffisamment pourvue, l'épaule bien attachée et le bras effilé se terminait par une main de fée qui constamment agitait un éventail aux riches couleurs.

On voit beaucoup d'Espagnoles sans mantilles, la mode parisienne ayant révolutionné le monde entier, mais ce qu'on ne pourrait rencontrer au delà des monts, c'est une Espagnole sans éventail. A quelque classe de la société qu'elles appartiennent, vous les rencontrerez partout et toujours munies de cet indispensable compagnon de leurs sorties ; aussi savent-elles l'ouvrir, le fermer, le dérouler avec une dextérité et une habileté dont nos mondaines les plus raffinées n'ont pas la moindre idée et dont Robert-Houdin lui-même se montrerait jaloux à juste titre. L'éventail est un objet de toilette, de luxe, mais aussi d'une indispensable utilité ; l'atmosphère est si chaude, l'air est si calme qu'il a besoin d'être renouvelé artificiellement pour empêcher le malaise qu'engendre une chaleur par trop excessive. Aussi que d'éventails ! on les compte par milliers. leurs couleurs variées à l'infini donnent l'illusion d'un essaim de papillons voltigeant autour des fleurs qu'ils semblent ne vouloir qu'effleurer de leurs ailes étincelantes. Grâce à ce perpétuel mouvement. la physionomie générale de l'assistance est changeante et mobile : on croirait avoir un kaléidoscope devant les yeux. ce qui ajoute encore au charme de la variété des toilettes.

J'ai dit que ma jeune Rosine (combien auraient voulu être son Almaviva !) était châtain-clair, ce qui ne manquera pas de surprendre beaucoup de mes lecteurs habitués à considérer. d'après la description des poètes et des romanciers. les Espagnoles comme brunes. En faisant son portrait, j'ai voulu décrire un type de beauté espagnole. et je ne crois pas m'être trompé. Était-elle de Saint-Sébastien, de Madrid. de Séville ou de Barcelone ? je l'ignore ; on se déplace aussi facilement là-bas qu'en France. Les personnes des deux sexes voyagent pour assister un torero *célèbre* avec autant d'empressement que nos sportmen passent le détroit afin d'aller voir courir les mille guinées à Epsom ou sur un autre hippodrome connu. Quelle que fût sa ville ou sa province d'origine, elle appartenait assurément à la race espagnole qu'on retrouve plus facilement à l'état de pureté dans les provinces du Nord que dans celles du Midi. L'invasion des Maures et leur séjour prolongé dans l'Andalousie. la Grenade. la Manche et autres pays limitrophes a produit un type auquel appartenait certainement la marquise au sein bruni dont Musset nous a vanté les charmes. Ce produit nouveau est-il supérieur à celui dont j'ai décrit les traits ? Mon avis personnel n'est pas favorable à cette dernière opinion. Les méridionales sont en général plus hautes en couleur, ont des cheveux bleus à force d'être noirs. des sourcils et des cils plus abondants, de grands yeux qui respirent l'amour, une taille plus élevée en général avec une poitrine plus développée, et la peau jaune comme une orange.

> Comment peindre tes yeux aux paupières arquées,
> Tes tempes couleur d'or, de cheveux noirs plaquées,
> Ta bouche de grenade où luit le feu vermeil
> Que dans le sang du More alluma le soleil[1] ?

Les traits, plus accentués, ont beaucoup moins de finesse et de délicatesse que ceux de la race primitive. Susceptibles toutes les deux des passions les plus ardentes, l'une est la force et la violence, l'autre la douceur et la grâce dans l'amour. Nos mœurs, notre éducation et notre tempérament s'accommoderaient beaucoup mieux, je crois, de l'aimable Chimène que de la farouche Carmen. Telles sont les femmes.

Parlerai-je des hommes ? Non. Leur type n'a rien de remarquable : en voulant eux aussi dans leur tenue se parisianiser, ils sont arrivés à ressembler à des gravures de modes. Par galanterie, j'aime mieux n'en pas parler.

Maintenant, me direz-vous, ami lecteur, que pensez-vous des combats de taureaux, que vous semble de ce genre de plaisir qui n'a pu trouver grâce devant le public parisien auprès duquel on a tenté un infructueux essai lors de l'Exposition dernière ? En appréciateur convaincu, je répondrai tout de suite et sans la moindre hésitation que je suis d'un avis absolument contraire à celui de nos compatriotes et que, revenu très enthousiaste des courses espagnoles, je me suis promis d'y retourner aussitôt que faire se pourrait. Ma femme, ma sœur et mon fils, un jeune lycéen de douze ans, revenant des Pyrénées à la fin d'août, se sont, sur mon conseil, arrêtés à Dax où ils ont vu un combat dans des conditions absolument conformes aux règles de la tauromachie espagnole. *Reverte*, un tout jeune *torero*, a recueilli sur le sol français les ovations dont Guerrita avait été l'objet à Saint-Sébastien Mes trois voyageurs, sans parti pris, se sont promis, le cas échéant, de s'offrir à nouveau ce plaisir qui avait eu autant de charmes pour eux qu'il en avait eus pour moi.

Personne n'a jamais contredit au côté grandiose de l'ensemble

[1] Théophile Gautier, *Les trois grâces de Grenade*.

du spectacle, à la splendeur de la mise en scène et à la magnificence des costumes. Les objections ont toujours été dirigées contre l'éventrement des chevaux et la mise à mort du taureau sous prétexte que la vue du sang est mauvaise. Je n'ai certes pas d'appétit sanguinaire, la vue d'un bœuf qu'on saigne ou d'un veau qu'on égorge me fait reculer d'horreur. J'ai été au premier abord très péniblement impressionné en voyant les premiers chevaux blessés ou tués, se débattant dans l'arène avant de rendre le dernier soupir. Mais cette impression n'a pas tardé à s'effacer pour faire place à un sentiment de fierté inspiré par la supériorité de l'homme dont habileté et courage le font triompher de la force brutale. On arrive rapidement, en suivant les péripéties du drame où les acteurs exposent leurs vies au mépris de la mort, à ne voir que le côté grandiose du drame, le reste s'évanouissant pour ainsi dire dans l'ombre du passé. Les deux adversaires, l'homme et le taureau, auprès desquels tout n'est qu'accessoire, captivent à ce point l'attention qu'elle est entièrement absorbée par la poignante situation de l'homme et le vœu secret et inconscient que forme un chacun pour le triomphe de son semblable. C'est un spectacle assurément sauvage, mais qui ne manque ni de grandeur ni de poésie.

Les âmes sensibles de nos Françaises, surtout, reprochent aux Espagnols d'exposer leurs semblables et de faire couler le sang, coutume absolument incompatible avec les mœurs d'une bonne civilisation. Le reproche me semble mal fondé de la part d'un sexe très amateur du spectacle des ménageries et des cirques où il admire des dompteurs ou des acrobates qui tous les jours courent le risque soit d'être dévorés par des animaux féroces, soit d'avoir les reins cassés en exécutant les sauts et les exercices les plus périlleux. J'incline à croire que si l'on faisait une statistique rigoureuse des accidents relevés chez nous et dans les Plazas de Toros, la balance ne pencherait pas du côté des combats espagnols ; c'est à peine si deux ou trois *toreros* par an succombent dans un pays où la plus petite ville a ses arènes.

Quant à la vue du sang, certains esprits ont prétendu qu'elle était de nature, en familiarisant le public avec ce spectacle barbare, à encourager le crime et l'assassinat. Erreur facile à réfuter. En compulsant les rapports officiels dressés par les criminalistes, je n'ai jamais vu que les garçons d'abattoir fussent signalés en plus grand nombre que les autres ouvriers des différentes professions; l'alcool en général et l'absinthe en particulier, qui sont pour l'Etat une si grosse source de revenus, font des ravages bien plus graves dans la société que les plaisirs de ce genre. Les moralistes et les philosophes ont cherché à endiguer l'envahissement de l'alcoolisme, la plus grande des plaies sociales; mais nos financiers ont toujours, au nom du fisc, tenu bon contre les sociétés de tempérance.

Quant à la pure question de sentiment, elle me semble déplacée dans la bouche de nos plus aimables Françaises, qui, sous le délicieux costume de Diane, se livrent passionnément au plaisir de courir le cerf ou le chevreuil pour recevoir les honneurs du pied. N'est-il pas plus digne de compassion et de pitié ce svelte, ce gracieux et inoffensif animal qui par monts et par vaux va pendant des journées entières disputer sa fragile existence à une bande de chiens acharnés à sa poursuite! C'est en vain qu'avec la rapidité de l'éclair il fuira devant les limiers collés sur sa trace, c'est en vain qu'il usera de détours et de ruses pour dépister ses ennemis; arrivera toujours un moment où, à bout de forces, haletant et exténué de fatigue, il tombera en poussant le cri plaintif de l'agonie pour être dévoré à la grande joie des chasseurs dont les cors sonneront un joyeux hallali. D'accord avec l'immense majorité, j'accorderais plus volontiers ma sympathie à l'animal né de la très pardonnable curiosité d'Actéon qu'à celui dont Jupiter emprunta la forme pour ravir la fille d'Agénor.

Nos mœurs ont créé, sous le prétexte d'améliorer la race chevaline, un genre de sport d'une moralité plus douteuse et de conséquences souvent plus pernicieuses que celui dont les sujets de la catholique Espagne font depuis des siècles leur plaisir favori. Le cheval, animal par lui-même d'un intérêt et d'une utilité absolument supérieurs, n'est plus pour ainsi dire aujourd'hui un prétexte à réunions hippiques, mais seulement la raison de ces associations interlopes qui du haut en bas de l'échelle sociale ont causé tant de ruines et de scandales depuis leur existence. Sous cette influence néfaste, les descendants de la noblesse, dédaignant de mettre leurs traditions, leur intelligence et leur fortune au service d'un gouvernement coupable de ne s'être pas fait décréter de droit divin, les princes de l'industrie et de la finance, issus le plus souvent du sang du peuple dont par un sentiment de fausse honte ils n'ont demandé qu'à se faire les apostats, tous ceux en un mot que la banque ou le commerce ont pu enrichir se sont mis à apprendre le jargon anglais des hippodromes plutôt que de se livrer à l'étude des lettres ou des sciences. Un amour-propre mal placé a poussé ces derniers à s'allier à quelque fille dont la dot se résumait dans l'apport d'une particule empruntée le plus souvent a un acquéreur de biens nationaux. Heureux de pouvoir avec ce blason de contrebande se faufiler dans les rangs d'une société plus respectueuse de l'argent que de l'honneur, ils ont avec la fortune su se faire un nom dont les journaux mondains ont vanté par intérêt la nouvelle éclosion. Habitués du Tattersall et des Champs de courses, ils ont eu une écurie peuplée, au prix d'énormes sacrifices, des produits des coureurs les plus célèbres, les jockeys ont porté des couleurs bientôt cotées et nos nouveaux personnages sont devenus des sportmen à la mode. Cette existence toute d'ivresse et de plaisir les a surpris au seuil de la vieillesse dans la lassitude d'une luxueuse oisiveté ; ils ont créé une famille sans avoir jamais pensé à lui inculquer les principes qui avaient fait leurs ancêtres ; leurs enfants ont été des désœuvrés sinon des dégénérés, et souvent à la seconde génération le nom si chèrement acheté a disparu dans la misère, quand ce n'était pas dans l'opprobre. Voilà l'œuvre du cheval qui en France a causé tant de déchéances et de ruines. Je ne sache pas que les combats de taureaux aient été la cause d'une semblable évolution au delà des Pyrénées. La noblesse espagnole ne descend pas dans l'arène et n'engage pas sur un animal des sommes aussi colossales que celles dont nos chevaux sont chargés avant d'arriver au poteau. Le plaisir du cirque ne donne pas prétexte à ces paris immoraux qui ont causé tant de déboires et de suicides. Le spectacle est sauvage peut-être, mais il est à la fois mâle et grand, et la figure du *torero* me semble plus sympathique que celle de ces jockeys étiques qui brutalisent à l'aide de la cravache et de l'éperon une malheureuse bête coupable de ne pas arriver pour emplir la sacoche de son orgueilleux propriétaire.

Que dire maintenant du jugement des voyageurs illustres qui en parcourant l'Espagne ont assisté au divertissement national de nos voisins? Alexandre Dumas père, Théophile Gautier, Prosper Mérimée, Louis Ulbach, Bersot, ancien directeur de l'École normale de la rue d'Ulm, Jules Claretie, de la Comédie-Française, Hector France et tant d'autres qui ne sont ni des Philistins, ni des Latins de la décadence, ont tous été unanimes à déclarer que la Plaza de Toros offrait un spectacle unique et superbe à la fois. Je suis heureux de m'être rangé à l'opinion d'hommes aussi considérables et citerai pour terminer l'avis de l'auteur du *Capitaine Fracasse*, qui a dit dans son Voyage en Espagne ces mots dont je recommande la méditation aux adversaires des courses de taureaux : « Si la civilisation les fait disparaître, ce sera tant pis pour elle, car une course de taureaux est un des plus beaux spectacles que l'homme puisse imaginer. »

Docteur G. CHEVALIER.

Beaufort, 15 septembre 1893.

Angers, imprimerie Lachèse et Cie, chaussée Saint-Pierre, 4.

www.ingramcontent.com/pod-product-compliance
Ingram Content Group UK Ltd.
Pitfield, Milton Keynes, MK11 3LW, UK
UKHW020429220726
13923UKWH00005B/2148